신천지인에게
묻는
35가지 질문

?

들어가는 말

신천지 전도가 "모략전도"에서 "오픈전도"로 전환하였다.

그 이유는 신천지를 속이고 거짓말로 전도한 모략전도가 "청춘반환소송"에서 패했기 때문이다. 거짓말에 미혹되어 청춘을 허비한 청년들에게 1인당 500만 원의 손해배상을 하라는 판결과, 거짓말전도에 동원되어 역할을 한 사람에게도 책임을 물어야 한다는 판결이 내려졌기 때문이다. 그리하여 신천지는 더 이상 모략전도를 할 수 없게 된 것이다.

이제 신천지는 자신을 밝히고 대범하게 전도하고 있다. 곳곳에 좌판을 펼쳐놓고, 10여명 씩 대 규모로 전도하고 있다. 전도하면서 이들과 마주치면 이들이 하는 말이 "우리도 장로교, 감리교 권사였다"고 말한다. 신천지교회의 강사와 직원들을 불러 토론하면서, 전에 다니던 교회를 물었더니, 모두가 통합측, 합동측, 고신측 교회들이었다.

필자는 지금까지 필자가 만든 "신천지인에게 묻는 35가지 질문"을 자체 출력하여 전도에 사용하였으나, 신천지가 오픈전도로 바뀌면서 책으로 만들어 배포하여야 할 필요를 느끼게 되었다.

본 책자는 소책자요, 졸저이지만 전도현장에서 사용하고 있는 35가지 질문을 묶은 것이다. 바라기는 이 작은 책자가 진리의 낫이 되어, 그동안 빼앗겼던 양들을 다시 찾아오는데, 요긴하게 사용되어지기를 간절히 바란다.

지은이 신원호 목사

1. 신천지는 하나님의 천지창조를 믿지 아니하고 진화론을 믿는데, 성경의 창조를 믿지 아니하고 무신론 진화론을 믿는 자들을 하나님의 자녀라고 할 수 있는가?

참고: 이만희가 쓴 "성도와 천국" p40에는 이렇게 말하고 있다. "창세기 1장의 해석을 보면 표면적인 문자에 매여 육적 창조라고 고집하는 주장은 과학적, 논리적, 현실적, 상식적, 모순투성이며, 이러한 주장은 오히려 하나님에 대한 불신과 그릇된 성경관을 갖게 하는 요인이 될 뿐이다".

2. 신천지에서는 하나님께서 최초의 사람으로 아담을 창조하시고, 아담의 갈비뼈로 하와를 창조하신 것도 믿지 않고 있다.

참고: "여기서 아담의 출현이 인류의 출현이냐, 아니냐? 종교상 아담의 연대는 지금부터 6,000년 전의 인물이며, 바로 이 아담이 최초의 사람으로 동일시 되고 있지만 성경상으로 볼 때, 창세기 4장 6절의 카인의 처, 창세기 6장의 네피림 등을 보더라도, 또한 과학적으로 지구의 기원은 46억 년이요, 인류의 출현은 200만년 전이라는 것을 보아도 창세기 2장, 3장에 나타나는 아담은 최초의 조상이 아니라, 종교의 조상이며, 또한 아담의 시대는 종교의 기원인 것이다"(고급편p139).
"어찌하여 하나님은 갈빗대로 비유했는가? 여성의 난자는 단백질이 95%로 구성되어 있고, 살의 성분과 같지만 남성의 정

자는 95%가 칼슘 성분이고 뼈의 주성분과 같기 때문이다. 그리고 사명적으로 난자는 살을 만드는 근본 요소가 되지만 정자는 뼈를 구성하는 요소가 된다. 정자의 수가 수억이 되듯이 갈빗 뼈가 사람뼈 중 제일 수가 많고 형태(모양)가 정자와 비슷하다. 고로 갈빗대로 표현한 것이다"(고급편 p141).

3. 신천지는 창세기를 비유라고 가르친다. 창세기가 비유라면 이 땅과 하늘은 어떻게 존재하게 되었는가?

참고: "땅은 흙으로 된 사람을, 하늘은 지도자와 장막을 말하는 것이다. 그곳 선민의 장막에 선민들과 함께하시던 하나님이 떠나가시니 공허요, 빛 되시는 하나님의 성령이 새같이 날아 왔다가 떠나갔기 때문에 그 장막은 흑함한 것이다"(성도와 천국 p42)

4. 신천지는 아담이 첫째 사람이 아니라고 하는데, 성경은 아담을 "첫 사람"이라 하고(고전15:45), 아담 이전에 "땅을 갈 사람도 없었다"(창2:4,5)고 하며, "인류를 한 혈통으로 지으셨다"고 하였으며(행17:26), 누가복음에 나오는 족보에서 "아담 이상은 하나님이라"(눅3:38)고 하셨는데, 이러한 신천지의 주장은 어디에서 온 것인가? 성경에서 온 것인가, 아니면 이만희 총회장이 만든 것인가?

참고: 신천지는 하나님이 "남자가 부모를 떠나 아내와 연합하여"(창

2:24)말씀을 들어 아담에게 부모가 있었다고 하며, 가인이 하나님께 "나를 만나는 자가 나를 죽이겠나이다"(창4:14)와 가인이 아내를 얻어 에녹을 낳은 것을 가지고, 아담 이전에도 사람이 있었다고 말한다. 그러나 하나님은 남자가 부모를 떠나 아내와 하나가 되어야 한다는 일반적인 결혼의 원칙을 말한 것이며, 아담과 하와는 가인과 아벨, 셋 외에도 800년을 지내며 자녀를 낳았다고 말하고 있다(창5:4).

5. 신천지는 에덴 동산에서 뱀이 하와에게 말한 것을 "파충류인 뱀이 어떻게 말할 수 있느냐"고 부정하고, 이는 "사탄이 들어간 사람(목자)"라고 말한다(이만희 천지 창조 p112). 그렇다면 신천지는 나귀의 입을 열어 발람을 책망한 것도 믿지 않는가?

참고: 민22:28 "여호와께서 나귀 입을 여시니 발람에게 이르되 내가 당신에게 무엇을 하였기에 나를 이같이 세 번을 때리느냐".

6. 성경을 믿지 않고 가감하는 자를 하나님이 "생명나무와 거룩한 성에 참여함을 제하여 버리시리라"(계22:19)고 했는데, 성경을 마음대로 부정하고, 해석하는 신천지인들이 과연 천국에 들어갈 수 있다고 생각하는가?

참고: 계22:18,19 "내가 이 두루마리의 예언의 말씀을 듣는 모든 사람에게 증언하노니, 만일 누구든지 이것들 외에 더하면 하나

님이 이 두루마리에 기록된 재앙들을 그에게 더하실 것이요, 만일 누구든지 이 두루마리의 예언의 말씀에서 제하여 버리면 하나님이 이 두루마리에 기록된 생명나무와 및 거룩한 성에 참여함을 제하여 버리시리라".

7. 신천지의 진리는 계속 바뀌고 있다. 144,000이 되지 않았을 때에는 이곳에 들어와야 구원을 얻는다고 했다가, 지금은 열매가 있어야 구원을 받는다고 하고, 또 144,000이 차면 세상 열국에서 흰무리들이 금은보화를 가지고 찾아온다고 했다가, 지금은 흰무리를 모으러 가야 한다고 한다. 이처럼 진리가 바뀌고 있다면 그것이 진리라고 생각하는가? 아니면 사람이 꾸며낸 말이라고 생각하는가?

참고: 프라미스TV, 신천지 탈퇴자 간증 중에서.

8. 신천지는 이만희 총회장에게 성령이 임하심으로 "보혜사"라고 하는데, 예수님이 말씀하신 보혜사 성령은 우리 속에 임하시고(요14:16,17), 예수님의 말씀을 생각나게 하시고(요14:26), 우리를 진리 가운데로 인도하신다고 하였다(요16:13). 그리고 이 성령을 오순절 마가의 다락방에 있는 모든 사람들이 받았고(행2:1,2), 그 뒤에도 사마리아 교회가 받았고(행8:15~17), 이방인 고넬료 가정도 받았고(행10:44), 에베소교회도 받았다(행19:6). 그 외에도 말세에 모든 사람에게 부어주신다고 예언하였다(요엘

2:28). 그러면 2천 년 동안 받아온 성령 보혜사가 맞는가, 아니면 2천년 동안 없다가 2천 년 만에 나타나 스스로 보혜사란 사람이 맞는가? 이만희는 진짜 보혜사인가? 아니면 자칭 가짜 보혜사인가?

참고: "이 목자가 바로 이만희 총회장이며, 이만희 총회장이야 말로 계시록 성취시대의 또 다른 보혜사인 것이다"(신천지 총회교육부 "신천지 정통 교리와 부패한 한기총 이단 교리 비교 100항 상세반증"p30).

9. 이만희가 보혜사라면 우리를 진리 가운데로 인도할 것이요, 우리의 위로자가 될 것이다. 그런데 이만희는 공금을 횡령하여 징역형을 선고받았고, 코로나 때 국민 앞에 사죄의 큰절을 하였으며, 자신을 총각으로 속이고 남의 가정을 파괴하고, 남의 아내(김남희)를 빼앗았다. 이는 보혜사인가, 아니면 김남희 씨의 말대로 종교 사기꾼인가?

참고: 기독교팔복TV, 신천지 2인자였던 김남희 여사의 내부 폭로 인터뷰.

10. 신천지에서는 이만희를 "이긴 자"라고 말한다. 요한계시록 2,3장의 "이긴 자"는 7 교회마다 주시는 말씀이다. 여기에서 "이기는 자"라고 하였고, 이기는 자는 단수가 아니라 복수이다. 그리고 살아 있는 자를 "이긴 자"라고 하지 않았다. 살아 있는 자는

싸우는 자이다. 그런데 이만희는 자신을 "이긴 자"라고 했는데, 이만희가 무엇을 이겼는가? 이만희가 탐심(횡령)의 죄를 이겼는가?, 거짓말 죄를 이겼는가? 간음죄(김남희)를 이겼는가?

참고: "이긴 자가 하나님과 예수님의 보좌에 앉아 만국을 다스리게 된다"(신탄p454) "그러므로 우리가 찾고 만나야 할 사람은 사도 요한격인 야곱(보혜사, 이스라엘), 곧 승리자를 만나야 아버지와 아들의 계시를 받게 되고, 영생에 들어가게 된다는 것을 명심해야 할 것이다"(계시록의 진상, p52).

* 이만희 씨는 횡령(52억)과 업무방해죄로 징역 3년과 집행유예 5년을 선고받았다 (2022년 8월 12일 대법원 2부(주심 천대엽 대법관).

11. 신천지에서는 이만희를 "약속의 목자"라고 하고, 시대마다 목자를 주어 구원하였다고 말하며, 마지막 계시록시대에는 약속의 목자인 이만희에게 와서 말씀을 들어야 구원을 얻는다고 한다. 성경 어디에 시대마다 구원자를 주셨다는 말이 있는가? 노아나 아브라함이나 모세가 구원자인가? 아니다. 이들도 예수님을 바라보며 믿음으로 구원을 받았다(히11:13). 예수님은 "나로 말미암지 않고는 아버지께 올 자가 없다"고 하였고(요14:6), 베드로 사도는 "다른 이로써는 구원을 받을 수 없나니, 천하 사람 중에 구원을 받을 만한 다른 이름을 우리에게 주신 일이 없다"(행 4:12)고 하였다. 예수 이름 외에 다른 구원자를 말한다면 그것이 거짓 목자요, 이단이다. 그렇다면 이만희는 참 목자인가? 아니면 거짓 목자인가?

참고: 히11:13 "이 사람들은(구약의 성도들) 다 믿음을 따라 죽었
으며, 약속(예수님)을 받지 못하였으되, 멀리서 보고 환영하
며, 또 땅에서는 외국인과 나그네임을 증언하였으니".

히11:24~26 "믿음으로 모세는 장성하여 바로의 공주의 아
들이라 칭함 받기를 거절하고 도리어 하나님의 백성과 함께
고난 받기를 잠시 죄악의 낙을 누리는 것보다 더 좋아하고 그
리스도를 위하여 받는 수모를 애굽의 모든 보화보다 더 큰 재
물로 여겼으니, 이는 상 주심을 바라봄이라".

12. 이만희 총회장은 하나님이 계시로 성경을 가르쳐 주었다고 하
는데, 이만희 총회장은 박태선 이단에 10년, 이단 장막성전에 4
년, 그리고 이단 백만봉 새창조교회에서 요셉지파장으로 있으면
서 이들이 말하는 성경의 짝교리, 동방의 의인교리, 세례요한교
리, 약속의 목자교리 등을 똑같이 가르치고 있는데, 하나님이 이
단의 교리를 가르쳐 줄 수 있는가?

13. 신천지는 1984년 3월 14일에 천년왕국이 시작되었다고 말하
고, 신천지년호를 사용한다. 예수님도 이만희를 통해 재림하였
다고 하였는데, 그러면 신천지는 늙지도 않고, 병들지도 않고,
죽지도 않는가?

참고: 이만희, 천지창조 pp63,64

"하나님께서는 목자와 전도자와 성도들로 하여금 보좌를 구

성하고, 조직을 갖추게 하고, 그때부터 날짜를 새로 계수하신다. 신천지는 신천지 보좌 구성을 시작한 연도를 신천지 1년으로 계수한다. 우리 신천지 창립일은 1984년 3월 14일이다. 1984년은 우주가 한 바퀴 돌아서 제자리로 오는 해, 즉 60갑자년이다. 이때부터 이전의 모든 것이 지나고 만물이 고대하는 송구영신, 새로운 세계가 펼쳐진다".

계시록 21:4 "모든 눈물을 그 눈에서 닦아주시니 다시는 사망이 없고 애통하 는 것이나 곡하는 것이나 아픈 것이 다시 있지아니하리니 처음 것들이 다 지나갔음이러라".

14. 신천지는 짝교리를 이야기 하는데, 이사야 34:16절의 짝은 말씀의 짝인가, 아니면 짐승의 짝인가?

참고: 사34:15~17 "부엉이가 거기서 깃들이고 알을 낳아 까서 그 그늘에 모으며 솔개들도 각각 제 짝과 함께 거기에 모이리라. 너희는 여호와의 책에서 찾아 읽어 보라. 이것들 가운데서 빠진 것이 하나도 없고 제 짝이 없는 것이 없으리니 이는 여호와의 입이 이를 명령하셨고, 그의 영이 이것들을 모으셨음이라. 여호와께서 그것들을 위하여 제비를 뽑으시며 그의 손으로 줄을 띠어 그 땅을 그것들에게 나누어주셨으니 그들이 영원히 차지하며 대대로 거기에 살리라".

* 이는 말씀의 짝이 아니라, 짐승의 짝을 말하는 것이다.

15. 신천지는 요한계시록을 봉한 책이라고 하고, 2천년 동안 봉한 책 요한계시록을 이만희 총회장이 풀었다고 하는데, 요한계시록은 봉한 책인가, 열린 책인가?

참고: 계22:10 "또 내게 말하되 이 두루마리의 예언의 말씀을 인봉하지 말라. 때가 가까우니라".

신탄,pp43,44 "하나님은 일찍이 이 땅에 한 분을 보내주셨다. 언약한 백성들의 끊임없는 배도와 멸망의 소용돌이로부터 인류를 해방시켜 새 생명의 나라를 개국하기 위해 오셨으니 그 분이 바로 이만희 선생이시다....

그는 이 시대에 나타난 일곱 머리와 열 뿔의 붉은 용과 싸워서 이기시고 묵시의 일곱 인을 떼시기에 이른 것이다. 아담 이후 6천 년 동안 이르는 이 날까지 사망이 왕 노릇 해온 멸망의 역사에 하나의 획을 긋고 신기원의 장을 열어주시고자 성경 전편에 예언된 빛의 실상을 증언하시는 것이다".

16. 신천지는 자신들이 요한계시록을 통달했다고 말한다. 이만희 씨는 하나님이 직접 자신에게 요한계시록을 보여주었다고 하였다. 요한계시록은 예수님이 요한에게 말씀한 대로, "네가 본 것과 이제 있는 일과 장차 될 일을 기록한 책"이다 (계 1:19). 이제 있는 일은 계시록 2장과 3장의 7교회에 대한 일이며, 장차 될 일은 4장부터 나오는 일들이다. 그런데 이만희 씨는 요한계시록은 유재열의 장막성전과 자신의 증거장막성전의 일이라고

말하고, 자신이 사도 요한 격으로 7교회에 편지를 보냈으며, 자신들에게 생명책이 있고, 24장로, 4생물, 12지파가 있다고 한다. 그러니 신천지가 실상으로 실현되었다고 말한다. 그러면 묻겠는데, 하늘의 24장로는 바뀌는가, 바뀌지 않는가? 새 하늘과 새 땅은 높은 성곽이 있고, 통으로 된 열두 진주문이 있고, 그 길은 정금이라고 했다. 그 성은 장광이 같으며 길이가 일만 이천 스다디온, 즉 2,200Km라고 했다(계21:10~18). 그리고 눈물, 애통, 죽음이 없다(계21:4). 그리고 새 하늘과 새 땅에는 음행하는 자, 우상숭배 하는 자, 거짓말하는 자는 들어가지 못한다고 하였다(계22:15). 그렇다면 신천지의 주장은 사실인가, 아니면 한 망상가가 꾸며낸 코미디인가?

참고: "추수의 중심지는 요한계시록에 약속한 목자가 있는 곳, 대한민국 과천 신천지예수교증거장막성전이다"(천지창조 p527)
* "결국 요한계시록은 기록된 지 2천 년 만에 한국에서 성취되는 사건으로 이만희 총회장에 대한 약속이다"(신천지의 주장).

17. 신천지는 모든 역사가 배도, 멸망, 구원의 순서로 진행되었다고 하며, 배도하면 가차없이 멸망시키신다고 하는데, 하나님은 배도하면 가차없이 멸망시키시는가? 아니면 징계하시는가? 성경은 범죄한 자를 징계하신다고 하였다. 그렇다면 3번이나 예수님을 부인(배도)한 베드로는 구원받았는가? 아니면 멸망았는가?

참고: 히12:6 "주께서 그 사랑하시는 자를 징계하시고 그의 받아들이시는 아들마다 채찍질하심이라".

요21:15 "그들이 조반 먹은 후에 예수께서 시몬 베드로에게 이르시되 요한의 아들 시몬아 네가 이 사람들보다 나를 더 사랑하느냐 하시니 이르되 주님 그러하나이다. 내가 주님을 사랑하는 줄 주님께서 아시나이다. 이르시되 내 어린 양을 먹이라 하시고".

18. 신천지는 세례요한을 배도자로 몰고 있다. 세례요한이 옥에 갇히어서 예수님을 믿지 못하고 "오실 이가 당신입니까, 아니면 다른 이입니까"(마11:3)라고 물었다는 것이다. 그리하여 세례요한을 배도자라고 말한다. 그러나 예수님은 세례요한을 여자가 낳은 자 중에 가장 큰 자라고 하였고, "천국에서는 극히 작은 자라도 그(세례요한)보다 크니라"(마11:11)고 하였다, 그렇다면 세례요한은 멸망받은 자인가? 아니면 구원받은 자인가?

참고: "예수님이 이리가 오는 것을 보고 도망간 삯군 목자를 책망하신 것도(요10장) 배도한 세례요한을 지적한 것이니"(성도와 천국, p83)

19. 이만희씨는 그이 저서 "성도와 천국" 88페이지에서 "아버지 사가라는 죽임을 당했고 세례요한은 광야 신세가 되었으니, 이 사건이 곧 멸망이었다"고 하였다. 여기에서 이만희씨는 마23:35

절의 "성전과 제단 사이에서 너희가 죽인 바라가의 아들 사가랴"를 세례요한의 아버지로 말하고 있는 것이다. 이는 역대하 24:20~22절의 여호야다의 아들 사가랴를 말하는 것이다. 구약의 처음 순교자 아벨에서 마지막 순교자 사가랴를 말한 것이다. 그리고 세례요한은 광야에서 멸망 당한 것이 아니다. 그 곳에서 예수님의 길 예비자로 사명을 다한 것이다. 자칭 하나님이 성경을 열어 보여주셨다고 말하는 이만희씨가 이런 상식적인 말씀도 모르면서 신인이라고 할 수 있는가?

20. 신천지는 히브리서 8장과 9장의 첫째 장막을 유재열의 장막성전이라 하고, 둘째 장막을 신천지 증거장막성전이라 하는데, 히브리서가 말하는 첫째 장막은 무엇이며, 둘째 장막은 무엇인가? 첫째 장막은 짐승의 피로 드리는 구약의 제사를 말하며, 이 짐승의 제사는 우리 죄를 속죄할 능력이 없으므로(히9:9), 예수님이 당신의 피로 영원한 속죄를 이루어 하늘 성소에 들어가셨다고 말하고 있는 것이다(히9:12,24). 이 말씀이 장막성전과 증거장막성전과 무슨 상관이 있다는 말인가?

　참고: 히 9:11,12 "그리스도께서는 장래 좋은 일의 대제사장으로 오사 손으로 짓지 아니한 것 곧 이 창조에 속하지 아니한 더 크고 온전한 장막으로 말미암아 염소와 송아지의 피로 하지 아니하고 오직 자기의 피로 영원한 속죄를 이루사 단번에 성소에 들어가셨느니라".

21. 신천지인들은 총회장 이만희 선생의 피로 된 새 언약서를 통하여 하나님께 약속함으로 영적 새 이스라엘 나라 선민이 된다고 하였다. 초림 때는 예수의 피로, 재림 때는 이만희 선생의 피로 구원받는다는 말이다. 이래도 신천지가 이단이 아닌가?

참고: "총회장 이만희 선생의 피로된 새 언약서는 성경의 예언된 말씀이 오늘날 이루어진 것을 분명하게 깨닫고 믿는 신천지증거장막성전의 사명자들과 성도들이 하나님께 약속하는 것이다. 이러한 약속을 통하여 영적 새 이스라엘 나라의 선민이 된다. 히9:18~22 "이러므로 첫 언약고 피 없이 세운 것이 아니니"(신천지발전서, p49).

22. 신천지에서는 자신들이 144,000이라고 하는데, 요한계시록 7장과 14장에 나오는 144,000은 유대인인가, 이방인인가?

참고: 계7:4 "내가 인침을 받은 자의 수를 들으니, 이스라엘 자손의 각 지파 중에서 인침을 받은 자들이 십사만 사천이니".

23. 우리 이방인들은 144,000에 속하는가, 아니면 흰 옷을 입은 큰 무리 가운데 속하는가?

참고: 계시록 7:9 "이 일 후에 내가 보니 각 나라와 족속과 백성과 방언에서 아무도 능히 셀 수 없는 큰 무리가 나와 흰 옷을 입고 손에 종려 가지를 들고 보좌 앞과 어린 양 앞에 서서."

24. 신천지는 계시록에 나오는 144,000명의 순교자의 영이 내려와 땅에 있는 자신들의 144,000의 육과 연합하여 일체가 된다고 하는데, 그러면 한 육체 안에 두 영이 사는 것이다. 그렇다면 부활 시, 그 순교자의 몸은 어떻게 되는가?

    참고: 계시록의 진상 P30 "거룩한 성령이요 신랑인 십사만 사천의 영들과 이 땅의 거룩한 자 십사만 사천의 육신을 가진 신부들이 각기 한 쌍을 이루어 혼인 일체가 된다".

25. 신천지인은 죽지 않고 영생불사하는가? 신천지는 이렇게 주장한다. 고린도전서의 "죽지 않고 사는 때"에는 이만희를 통해 구원의 나팔이 울려퍼지고 신천지에서 죽지 않고 영원히 사는 영생불사가 이루어진다. 고린도전서 15:51절에 따르면 "이때"는 우리 모두가 마지막 나팔에 순식 간에 홀연히 다 변화하는 때다. 이때에는 "죽은 자들이 썩지 아니할 것으로 다시 살아나고, 살아 있는 성도도 변화된다(고전15:52), 요한계시록 10장 7절에 따르면 이때는 일곱째 나팔의 비밀이 이루어지는 때다. 여기서 나팔은 비유로서 이만희를 상징한다. 결국 나팔이 울려 퍼지는 것은 이만희를 통해 6천년 동안 봉해졌던 성경의 비밀이 비로소 밝히 증거되는 것을 말한다. 따라서 죽지 않고 사는 때를 알리는 구원의 나팔이 이만희를 통해 울려 퍼졌으니, 지금이 신천지에 와서 구원을 받아 육체영생을 할 때다".(신천지 돌발 질문에 대한 친절한 답변 PP185~186).

참고: 위 내용을 줄여서 말하자면 예수님이 재림하실 때에 일찍 죽은 성도들이 부활하고, 살아 있는 성도도 썩지 아니할 몸으로 변화한다고 하였으니, 예수의 영이 임한 재림 예수 되는 이만희 씨가 와서 생명의 말씀을 전하는 이곳에 와서 말씀을 들으면 육체가 죽지 않고 영생불사한다는 것이다.

이 주장이 틀린 것은

1) 첫째, 이 부활과 변화는 예수님이 재림하실 때에 이루어지는 것이다.

2) 둘째, 성경은 육체부활을 말하지 않고, 썩지 아니할 영의 몸으로의 부활을 말하고 있다. 고전15:53 "이 썩을 것이 반드시 썩지 아니할 것을 입겠고, 이 죽을 것이 죽지 아니함을 입으리로다".

3) 셋째, 변화되는 것은 예수님이 재림하실 때, 순간적으로 모든 믿는 성도가 변화하는 것이지, 그때에 예수를 믿고서 변화하는 것이 아니다. 이때는 씨를 뿌리는 때가 아니고, 추수 때이다.

4) 넷째, 성경은 육체는 반드시 한 번 죽는다고 하였다.
히9:27 "한번 죽는 것은 사람에게 정해진 것이요. 그 후에는 심판이 있으리니".

5) 다섯째, 죽지 않는다고 주장하는 신천지에서도 죽는 사람이 많고, 자칭 재림예수라고 하는 이만희 씨가 구원의 나팔을 불어도 죽으니, 스스로 거짓임을 증명하고 있다고

본다.

6) 여섯 째, 최근 이만희 총회장은 영생불사에 대한 회의적인 말을 하고 있다.

* 2023년 4월 22일 서울 쉐라톤 워커일호텔 신천지 말씀대성회에서 총회장 말. "여러분, 보세요. 이 사람이 나이가 구십세 살입니다. 너무 오래 살았죠. 그래 인명은 재천이라. 죽고 사는 것이 하나님에게 매여 있는 거 아닙니까?".

* 유튜브 우송균 TV. 2023년 8월 20일 방송, 이만희 총회장 육성 "이 사람도 여러분 보다시피 늙었어요. 나이 먹어서 늙었습니다. 그러니 옛날과 같겠느냐 하는 생각이지요. 그렇다면은 내가 소원하는 것은 이 책에 기록되어 있는 것처럼 영생불사 해야 하는데, 그리 못하며는 이거 헛고생하는 것 아니냐 하는 생각이 들어요. 그래서 하나님이 이 거 이미 기록된 대로 빨리 해결이 돼야 되지, 안 그러면 안 되는데, 하 는 생각이 듭니다".

26. *신천지는 전도서 1:9절의 "이미 있던 것이 후에 다시 있겠고"의 말씀과 마17:12절의 "엘리야가 이미 왔으되 사람들이 알지 못하고 임의로 대우 하였도다"는 말씀을 근거로 윤회와 환생을 말한다 전도서의 말씀은 해 아래에 새 것이 없다는 말씀이요, 엘리야가 왔다는 말은 세례요한이 엘리야의 심령과 능력으로 왔다(눅1:17)는 말이지, 엘리야가 왔다는 말이 아니다. 이처럼 힌두교와 불교와 같이 윤회와 환생을 믿는다면 천국과 지옥도 부*

정하는 것이다. 그렇다면 신천지와 이방 종교와 다른 것이 무엇인가?

참고: "이 말씀은 모든 인간은 죽어가고 있는 것이 사실이나, 그들의 몸이 윤회, 환생한다는 사실을 가르치고 있다"(신탄, p109).

27. 신천지인들은 인침을 받고, 제사장 되는 것이 소원인데, 성경은 이미 믿는 성도는 성령으로 인침을 받았고(고후1:22, 엡1:13), 하나님의 나라와 제사장이 되었다고 말하고 있다(계5:9,10). 베드로 사도도 "너희는 택하신 족속이요 왕 같은 제사장들이요"(벧전 2:9)라고 하였다. 이미 믿는 자는 성령으로 인침을 받았고, 제사장이 된 것이다. 그러면 누구의 말이 맞는가? 성경이 맞는가? 아니면 인과 제사장으로 성도를 괴롭히는 신천지가 맞는가?

참고: 고후1:22 "그가 또한 우리에게 인치시고, 보증으로 우리 마음에 성령을 주셨느니라".

엡1:13 "그 안에서 너희도 진리의 말씀 곧 너희의 구원의 복음을 듣고 그 안에서 또한 믿어 약속의 성령으로 인치심을 받았으니".

벧전2:9 "그러나 너희는 택하신 족속이요 왕 같은 제사장들이요 거룩한 나라요 그의 소유가 된 백성이니".

계5;9,10 "그들이 새 노래를 불러 이르되 두루마리를 가지시고 그 인봉을 떼기에 합당하시도다. 일찍이 죽임을 당하사 각 족속과 방언과 백성과 나라 가운데서 사람들을 피로 사서 하나님께 드리시고 그들로 우리 하나님 앞에서 나라와 제사장으로 삼으셨으니 그들이 땅에서 왕 노릇 하리로다".

28. 신천지는 초림 때 예수님이 일반 교회에 뿌린 씨를 재림 예수가 그 열매를 거둔다고, 추수꾼을 위장하여 일반교회에 파송하고 있다. 해괴한 주장이 아닐 수 없다. 그들의 주장처럼 재림 예수가 왔다면 왜 이단을 통하여 오며, 그처럼 당당하다면 왜 속이고 들어오는가? 양의 탈을 쓴 이리가 아닌가?

참고: 신나는 천사들의 추수방법(신천지 천사 추수 군단), "선생님 말씀"

"지금의 때는 예수님이 약속한 추수 때입니다. 그리고 우리는 천사와 하나 된 제사장 나라 왕 같은 추수꾼입니다. 신천지 성도 여러분, 기회가 지나가기 전에 알곡을 추수하여 천국 창고를 채웁시다. 우리들이 지켜야 할 것은 예수님이 택하시고 명하신 추수의 사명입니다. 무엇보다 우리는 기독교 6,000년 이래 최고의 진수성찬에 비유할 영의 양식을 통하여 진리의 빛나는 낫을 들었습니다. 이제 추수하는 방법을 익히고 2,000년 간 씨 뿌린 예수님의 밭 익은 들판으로 가서 진리의 낫으로 추수합시다".

* 신천지가 틀린 것은

첫째, 이만희는 예수님과 관계 없는 자신을 계시록시대 구원자라고 하는 자요,

둘째, 신천지의 진리는 진리의 낫이 아니라, 성경과 다른 이만희를 계시록시대의 구원자로 전하는 비진리의 낫이며,

셋째, 예수를 믿고 구원 받은 열매는 사람이 거두는 것이 아니라, 예수님이 직접 천사를 보내어 일시에 거두신다((마 24:29~31).

넷째, 신천지가 떳떳한 재림예수라면 왜, 속이고 교회에 침투하는가? 이는 양의 탈을 쓴 이리가 아닌가?. .

29. 신천지는 일명 모략의 교리(거짓말 교리)를 가지고, 전도하는데, 거짓말로 전도해도 되며, 바울이 거짓말로 전도하라고 했다는 것이다. 그러면 롬 3:7절은 바울이 거짓말로 전도했다는 말인가? 아니다. 8절에 보면 "어떤 이들이 이렇게 비방하여 우리가 이런 말(거짓말)을 한다고 하니 그들은 정죄 받는 것이 마땅하니라"고 하였다. 어떤 사람들의 말이 바울이 거짓말을 한다는 것이다. 바울이 이를 인용한 것이다. 바울은 거짓말을 하지 않았다(롬 9:1). 거짓말은 마귀의 속성이다 (요 8:44). 마귀를 예수님은 거짓말쟁이요, 거짓의 아비라고 하였다. 하나님은 거짓말 하지 않으신다(민23:19). 그렇다면 온갖 거짓말을 도구로 전도하는 신천지는 하나님의 사람인가, 사탄 마귀의 사람인가?.

참고: 요8:44 "너희는 너희 아비 마귀에게서 났으니 너희 아비의 욕심대로 너희도 행하고자 하느니라. 그는 처음부터 살인한 자요, 진리가 그 속에 없으므로 진리에 서지 못하고 거짓을 말할 때마다 제 것으로 말하나니 이는 그가 거짓말쟁이요, 거짓의 아비가 되었음이라".

30. 신천지의 모략전도(거짓말전도)로 피해를 입은 사람들이 신천지를 탈퇴하여 신천지를 상대로 "청춘반환소송"을 하여, 1심에서는 신천지로 하여금 피해자에게 500만 원을 지급하라고 판결하였고, 2심에서는 500만 원의 보상과 더불어 모략전도에 직접 가담한 신도들에게도 보상의 책임을 함께 물어야 한다고 하였다. 그래도 모략전도가 정당한 것인가?

참고: 2022년 3월 11일 오전 10시 대전지방법원 제3-2 민사부(나) 재판부는 서산신천지 집단탈퇴자들의 청춘반환소송 2심 (2020나 102561) 판결을 다음과 같이 요약발제하였다. "교회 대표자와 신도들이 조직적이고 계획적으로 교회소속을 숨기고 적극적으로 일명 모략전도를 해서.....한 부분은 피전도자들의 종교의 자유를 침해한 위법한 것으로 보았다"고 판결. 전국적으로 2차 3차 청춘반환소송이 진행되고 있음.

31. 신천지는 이만희 총회장을 약속한 목자요, 계시록시대는 약속한 목자를 따라야 구원을 받는다고 하는데, 그렇다면 예수를

믿어도 구원받지 못하고, 이만희 총회장을 믿어야 구원받는다는 말이다. 우리가 구원받는 것이 예수의 이름으로 구원을 받는가? 아니면 이만희 이름으로 구원을 받는가?

참고: "성도는 하나님의 편지 성경의 약속을 먼저 깨달아 알고 믿고 구원 받아 천국에 참여하기 위하여 약속한 목자(요 16:14, 계10:11)의 성전(계15:5)을 찾아 증거를 받아야 한다"(신천지발전사 p111)

32. *마지막 때는 "거짓 그리스도들과 거짓 선지자들이 일어나 택하신 자들도 미혹하리라"(마24:23,24)고 예수님이 말씀하셨는데, "내가 보혜사다", "내가 약속한 목자다"라고 말하는 이만희는 거짓 선지자인가, 아니면 재림 예수인가?*

참고: 마24:23,24 "그 때에 사람들이 너희에게 말하되 보라 그리스도가 여기 있다 저기 있다 하여도 믿지 말라. 거짓 그리스도들과 거짓 선지자들이 일어나 큰 표적과 기사를 보여 할 수만 있으면 택하신 자들도 미혹하리라".

33. *요한 계시록이 말하는 신천지는 처음 하늘과 처음 땅이 없어진 다음에 하늘에서 내려온다고 하였다. 지금 우리는 처음 하늘과 처음 땅에 살고 있는 것이다. 그러기에 사망과 눈물과 고통이 있는 것이다. 아직 처음 하늘과 처음 땅에 살고 있으면서 신천*

지, 천년왕국을 주장하는 신천지는 정상이라고 생각하는가? 아니면 비정상이라고 생각하는가?

> 참고: 계시록21;1"또 내가 세 하늘과 새 땅을 보니 처음 하늘과 처음 땅이 없어졌고 바다도 다시 있지 않더라".

34. 성경은 그 열매로 그 나무를 안다고 하였다. 열매는 거짓말을 하지 않는다. 이단 유재열의 장막성전에서 자칭 보혜사라, 재림예수라 하는 자가 40여 명이나 나왔고, 자칭 보혜사라고 하는 신천지에서 30여 명의 자칭 보혜사들이 나왔다. 이를 어떻게 생각하는가?

> 참고: 마12:33 "나무도 좋고 열매도 좋다 하든지, 나무도 좋지 않고 열매도 좋지 않다 하든지 하라. 그 열매로 나무를 아느니라".

35. 한때 신천지의 2인자요, 이만희 총회장과 육적 부부로 살았던 김남희씨가 신천지를 탈퇴하여 "이만희씨는 보혜사도, 이긴 자도, 마지막 택한 목자도 아니요, 종교사기꾼"이라고 하였는데, 이를 어떻게 생각하는가?

> 참고: 기독교 팔복TV, 신천지 2인자였던 김남희 여사의 내부 폭로 인터뷰

신천지인에게 묻는 35가지 질문

2024년 3월 15일 발행

저   자 | 신 원 호(031-856-5591)

발 행 인 | 최 칠 순

발 행 처 | 광일인쇄 출판사

등록번호 | 979-11-957500-9-2

주   소 | 서울특별시 중구 마른내로2길 15-14

전   화 | 02-2277-4941

가   격 | 3,000원

신천지인에게 묻는 35가지 질문

신원호 저

값 3000 원

03230

9 791195 750092

ISBN 979-11-957500-9-2

안상홍, 하나님의 교회에 묻는 21가지 질문

신원호 저

※ 안상홍이 성부 성자 성령 하나님인가?

※ 장길자는 언제부터 여자 하나님이 되었는가?

※ 하늘나라에도 양성(兩性)이 존재하는가?

※ 새 언약은 유월절인가 아니면, 성만찬인가?